MW01709886

ORACIÓN *de* JABES

ESTUDIO BÍBLICO

PARA USO PERSONAL O EN GRUPO

BRUCE WILKINSON

y DAVID KOPP

EDITORIAL UNILIT

Publicado por
Editorial Unilit
Miami, Fl. 33172

Primera edición 2002

Originalmente publicado en inglés con el título:
The Prayer of Jabez Bible Study
por Multnomah Publishers, Inc.
204 W. Adams Avenue, P. O. Box 1720
Sisters, Oregon 97759, USA

Originally published in English under the title:
The Prayer of Jabez Bible Study

Published by Multnomah Publishers, Inc.
204 W. Adams Avenue, P. O. Box 1720
Sisters, Oregon 97759 USA

Diseño de la cubierta: David Carlson Design
Fotografía de la cubierta: Tatsuhiko Shimada/Photonica

Traducido al español por: Andrés Carrodeguas
Citas bíblicas tomadas de la "Biblia de las Américas", © 1986
The Lockman Foundation.
Usada con permiso.

Producto 495251
ISBN 0-7899-1008-X
Impreso en Colombia
Printed in Colombia

Introducción

Una Oración para Transformar la Vida

Hace unos tres mil años, uno de los grandes "don nadie" de la historia decidió orar. Cuando se miró a sí mismo y miró sus circunstancias, no vio razón alguna para tener esperanza. Pero cuando oró, hizo la oración más osada y llena de esperanza que se pudo imaginar. Y Dios le respondió.

Dios sigue respondiendo. La oración de un hombre llamado Jabes está impulsando hoy a millones de personas a buscar al Señor de una forma nueva; a clamar a Él para pedirle bendición, y a alcanzar una vida más amplia a su servicio. ¿Es usted uno de ellos? Entonces usted también es una respuesta a la oración de Jabes.

Una vez que haya visto lo que Dios puede hacer a través de sus siervos más comunes y corrientes, nunca va a querer regresar a un estilo de vida mediocre. Por demasiado tiempo, los cristianos han tenido en poco el deseo que tiene Dios de bendecirlos y de obrar a través de ellos para realizar su voluntad en el mundo.

Si Jabes estuviera con nosotros hoy, le diría enseguida que las palabras de su pequeña oración no tienen poderes mágicos. Pero también le diría que si quiere experimentar los grandes propósitos que tiene Dios con su vida –por poco prometedoras que sean sus circunstancias en estos momentos-, solo se halla a una oración de distancia.

El hombrecito sin futuro

Si aún no ha leído *La oración de Jabes,* le recomiendo fuertemente que lo haga. Si no conoce su historia, la hallará en 1 Crónicas, sepultada en medio de las genealogías oficiales de las tribus de Israel. El historiador, que escribió alrededor del año 500 a.C.,recorre el árbol genealógico oficial de los hebreos, recorriendo miles de años desde Adán hasta sus propios tiempos. Esa empresa significa centenares de nombres, la mayoría de ellos extraños y difíciles de pronunciar.

Tome por ejemplo, el capítulo 4. *Los hijos de Judá: Fares, Hezrón, Carmi, Hur y Sobal.* Y aquí solo tenemos un versículo.

Ahumai
Isma
Ibdas
Haze-lelponi
Anub

UNA CLASE DIFERENTE DE ESTUDIO BÍBLICO

El estudio bíblico de cuatro semanas que tiene en sus manos lo invita a profundizar en la Palabra de Dios para ver cómo las Escrituras apoyan y explican en su totalidad el mensaje de la pequeña oración de Jabes. Además de tener bases bíblicas, y de estar orientado hacia las necesidades que sentimos, este estudio tiene varios puntos distintivos clave:

Es temático. Nos centramos en las razones bíblicas para orar pidiendo bendición, influencia, poder y protección a fin de realizar la obra de Dios en el mundo. Aquí no hallará, por ejemplo, un estudio de un libro, o un enfoque profundo de la teología o la doctrina.

Favorece la conversación. Algunas preguntas se basan en la información. Otras solo tienen la intención de provocar una discusión útil.

Está pensado para utilizarlo individualmente o en grupo.

Se va guiando por medio de preguntas. Este método de enseñanza, que se suele llamar socrático, lo irá llevando de un tema a otro por medio de una secuencia de preguntas clave.

Tiene incorporados diversos métodos de aprendizaje. Hallará estudios inductivos, ejercicios para llenar espacios en blanco, inventarios personales, perfiles de caracteres, exposición bíblica, tareas basadas en actividades y citas inspiradoras.

Ofrece planes de estudio optativos. El estudio presenta más oportunidades de aprendizaje de las que un grupo puede lograr en una hora. Escoja el material que le funcione mejor a usted. Algunos grupos querrán extender este estudio en cuatro partes hasta hacerlo un curso de ocho a doce semanas.

Todo en él tiene que ver con una transformación en la vida. Todo el propósito que tiene el estudio de la Palabra de Dios es que seamos transformados en nuestro carácter y nuestra conducta, para que seamos más agradables a Dios y más semejantes a Cristo, y le sirvamos más cada día.

¡Una lectura no muy llena de suspenso! Pero en medio de la letanía, el cronista se detiene. Hay un nombre que merece un comentario especial:

> Y Jabes fue más ilustre que sus hermanos, y a su madre lo llamó Jabes, diciendo: Porque *lo* di a luz con dolor. Jabes invocó al Dios de Isarel, diciendo: ¡Oh si en verdad me bendijeras, ensancharas mi territorio, y tu mano estuviera conmigo y me guardaras del mal para que no me causara dolor! Y Dios le concedió lo que pidió (1 Crónicas 4:9-10).

LA VERSIÓN DE LA BIBLIA

El estudio, así como el libro en el que se basa, ha sido preparado usando la versión "Biblia de las Americas" de las Escrituras. El uso de esta versión en privado o en la clase asegurará comodidad y claridad, pero no es imprescindible.

AYUDAS PARA QUE SE PUEDA MOVER

Verá tres símbolos que se van usando a lo largo de todo el estudio para ayudarle a ver el material con mayor rapidez.

CLAVE *indica un versículo, definición o explicación clave que usted no se debe perder.*

eXTRA *indica un material optativo para un estudio más amplio. Use este símbolo para que lo ayude a decidir qué materiales puede dejar para más tarde.*

"" PARA CONVERSAR "" *indica una pregunta sobre el proceso que lleva el grupo, que se centra en la experiencia de vida.*

RECURSOS QUE SE RECOMIENDAN

El Devocionario de la oración de Jabes (y el *Diario* que lo acompaña), por Bruce Wilkinson. Este devocionario de treinta y un días sigue la misma estructura de cuatro semanas que el estudio bíblico.

Si es adolescente (o tiene alguno en casa), le recomiendo *La oración de Jabes para jóvenes.*

En el versículo siguiente sigue la lista como si nada hubiera sucedido: *Quelub, Súa, Mehir....* Puede recorrer la Biblia de principio a fin, como hice yo, para encontrar algo más sobre este Jabes, que no va a encontrar nada. Solo sabemos que las cosas comenzaron mal para una persona de la que nadie había oído hablar; hizo una oración poco usual de una sola cláusula, y las cosas terminaron extraordinariamente bien.

Esa sola oración, y una vida que era "más ilustre que sus hermanos", le ganaron a Jabes un lugar de honor en los libros de historia de Israel. Por fortuna para nosotros, su minibiografía revela un fascinante historial de transformación personal. En dos versículos solamente vemos causa y efecto: principio, medio y fin. Y si miramos con el detenimiento suficiente, hallaremos escondida detrás de cada una de sus cuatro peticiones una verdad que puede transformar nuestra vida y nuestro futuro.

DONDE COMIENZAN LOS MILAGROS

Los cambios personales comienzan cuando clamamos a Dios *con el fin de pedirle lo que Él quiere para nosotros,* esperanzados y con las manos abiertas. Aquí comienzan también los milagros. Todos los días veremos nuevos comienzos y nuevas oportunidades. Tendremos pensamientos nuevos. Cambiarán el rumbo y el impacto de nuestra vida. Y nuestro nombre, como el de Jabes, estará destinado a figurar en la lista de honor de Dios por toda la eternidad.

Mientras estudia una página tras otra en los próximos días, recuerde que está en plena búsqueda de una bendición procedente de un Dios que "es poderoso para hacer todo mucho más abundantemente de lo que pedimos o entendemos, según el poder que obra en nosotros" (Efesios 3:20). Que Él lo fortalezca y lo guíe, y lo bendiga *de verdad.*

Dios le da forma al mundo por medio de la oración.
Las oraciones nunca mueren.
Sobreviven a la vida de quienes las pronuncian.

E. M. BOUNDS

Primera semana

¡OH, SI EN VERDAD ME BENDIJERAS!

Dios tiene más
deseos de derramar
sus bendiciones
sobre nosotros,
que nosotros
de recibirlas.

AGUSTÍN

PARA COMENZAR

¿Le ha pedido a Dios en los últimos días algo que sea verdaderamente impresionante?

Es probable que le haya pedido que bendiga sus alimentos, o a sus hijos, o su día. Pero, ¿cuándo fue la última vez que le pidió algo bien grande, algo que cambiaría su vida y dejaría una huella para toda la eternidad? ¿Cuándo le pidió que derramara sobre usted su misericordia con una abundancia tal que su corazón se llenara hasta desbordar?

La primera parte de la oración de Jabes, "¡Oh, si en verdad me bendijeras!" le pide a Dios que haga algo sobrenatural en su vida. Porque la única forma de que usted lleve una vida de bendición es que Dios actúe en ella.

Cuando le pedimos a Dios algo que Él ya está anhelando darnos, comienzan a suceder cosas asombrosas.

EN ESTA SEMANA DESCUBRIRÁ...

- lo que significa la palabra *bendición.*
- por qué usted debe pedir ciertos tipos de bendiciones para poderlas recibir.
- por qué no es egoísmo pedirle a Dios que lo bendiga.
- qué actitudes es necesario revisar para estar de acuerdo con la Biblia.

1. ¿QUÉ ES LO QUE YO CREO REALMENTE ACERCA DE LA BENDICIÓN?

1. *Algunas personas sienten que Dios las bendice grandemente. Otras no. ¿En cuál de las dos categorías se halla usted, y por qué?*

MI INVENTARIO DE BENDICIONES

2. *El siguiente inventario va a sacar a la superficie lo que usted cree acerca del deseo que tiene Dios de bendecirlo. Califíquese a sí mismo del 1 al 5 como sigue:*
❶ Estoy en total desacuerdo. ❷ No estoy totalmente de acuerdo.
❸ No estoy seguro ❹ Estoy de acuerdo. ❺ Estoy totalmente de acuerdo

___ Oro todos los días para pedirle a Dios que me bendiga.

___ Puedo recordar enseguida ciertas bendiciones concretas que Dios me ha dado en el pasado.

___ Considero a Dios amoroso y deseoso de bendecirme.

___ Creo que una de las razones por las que Dios odia los hábitos de pecado que hay en mi vida, es porque bloquean algunas de las bendiciones que Él me quiere dar.

___ He experimentado que las bendiciones más grandes de la vida brotan directamente de mi relación personal con Dios.

___ SU PUNTUACIÓN: Sume los valores asignados a las cinco afirmaciones. Si tiene...

21-25 *Está volando muy alto en las bendiciones de Dios.*
16-20 *Vuela con frecuencia.*
11-15 *Tiene la esperanza de despegar pronto.*
5-10 *Necesita extender sus alas.*

3. *¿En qué aspectos cambiaría su forma de orar, si usted creyera de verdad que hay muchas bendiciones que Dios solo les da a quienes se las pidan?*

"" PARA CONVERSAR ""

Cuando usted era pequeño, ¿oraba alguna vez su familia para pedir las bendiciones de Dios?

¿Ha sucedido algo que lo hace sentir totalmente "imposible de bendecir"?

¿Se siente emocionalmente cómodo con la idea de pedirle a Dios una bendición?

2. ¿QUÉ SIGNIFICA LA BENDICIÓN DE DIOS?

CLAVE Las formas del verbo *bendecir* (*barak* en hebreo) aparecen cerca de cuatrocientas veces en el Antiguo Testamento. Bendecir significa favorecer, honrar o conceder dones o categoría especiales.

Por ejemplo, en la Biblia los padres pronunciaban sobre los hijos bendiciones que se transferían a lo largo de la primogenitura de la familia, o por herencia. Las personas bendecían a Dios en su adoración: "Bendice, alma mía, al Señor, y no olvides ninguno de sus beneficios" (Salmo 103:2).

No obstante, el tipo de bendición del que estamos hablando aquí es el favor de Dios sobre nosotros: esos dones sobrenaturales suyos que no hemos ganado y que no podemos recibir de nadie más. Por eso dice la Biblia: "La bendición del Señor es la que enriquece, y Él no añade tristeza con ella" (Proverbios 10:22).

La Biblia enseña con claridad que Dios se interesa por nuestras necesidades: materiales, emocionales y espirituales.

1. *¿De dónde cree que le vienen sus bendiciones? ¿De su familia, su matrimonio, su trabajo, su esfuerzo, o de la suerte? Lea Santiago 1:16-17. ¿Por qué es tan difícil que nos engañemos (v. 16) y creamos que nosotros mismos somos nuestra fuente de bendición?*

2. *¿Le parece que todos los que prosperan, es porque Dios los bendice? (El Salmo 37 recoge la angustia que puede sentir un creyente cuando ve prosperar a los malvados.)*

3. *¿Les garantiza Dios bendiciones y prosperidad material a los creyentes? ¿Existiría alguna buena razón para que Él retuviera esas bendiciones?*

4. *Cuando recibimos la salvación eterna, Dios nos da lo que Pablo llama "toda bendición espiritual... en Cristo" (Efesios 1:3). Lea Efesios 1:4-14. Escriba algunas de las bendiciones espirituales que menciona Pablo.*

CLAVE También es posible comprender las bendiciones en función de la base a partir de la cual Dios las otorga:

- Una bendición condicional significa que tengo que hacer algo si quiero lo que Dios tiene para darme. Si no lo hago, no recibiré esa bendición. Vea las bendiciones condicionales mencionadas por Cristo en Mateo 5:11-12, así como las bendiciones y maldiciones que aparecen en Deuteronomio 28–30.
- Una bendición incondicional es una bendición que Dios decide dar sin poner requisitos. El que la recibe no tiene que calificar para recibirla. Vea las promesas de Dios a Abraham en Génesis 12:2-3.

5. *Las bendiciones que se reciben con la salvación (descritas en Efesios 1), ¿son condicionales, incondicionales, o ambas cosas?*

6. *Hay un tipo de bendiciones incondicionales que podríamos llamar compasivas. Estas bendiciones se basan en la naturaleza y la personalidad de Dios. Sencillamente, Él las quiere dar. (Lea Éxodo 34:6, donde verá un autorretrato de Dios.) Es voluntad suya que queramos todo lo que Él tiene para nosotros. ¿Qué se aprende en estos versículos acerca del anhelo de Dios por bendecir?*

CLAVE

1 CORINTIOS 2:9

ROMANOS 8:28-30

ROMANOS 2:4

SANTIAGO 1:17

7. *¿Qué clase(s) de bendiciones le parece que estaba pidiendo Jabes? ¿En qué se fundamenta para llegar a esa conclusión?*

"" PARA CONVERSAR ""

¿Cuál es la mayor de las bendiciones que usted ha recibido en toda su vida?

¿La ha considerado siempre como una bendición?

3. ¿QUÉ OTROS PERSONAJES DE LA BIBLIA FUERON EXTRAORDINARIAMENTE BENDECIDOS?

ABRAHAM: EL HOMBRE QUE DIOS DECIDIÓ BENDECIR.

[Lea Génesis 12:1-3]

CLAVE La "herencia de bendición" de Jabes se remonta a Abraham, el padre del pueblo hebreo. Un día, Dios le prometió a Abraham: "te bendeciré, y engrandeceré tu nombre, y serás bendición" (Génesis 12:2). Era un pacto incondicional de generosidad, iniciado por Dios.

Abraham creyó a Dios, y viajó hasta la Tierra Prometida (Canaán), en busca de la bendición. No obstante, no fue Él quien se ganó el favor de Dios. De hecho, si seguimos la historia de su vida (Génesis 12–25), veremos a un hombre que cometió muchos errores. Sin embargo, nunca dejó de buscar el favor divino. Por eso la Biblia lo llama "amigo de Dios" (Santiago 2:23) y "padre de todos los que creen" (Romanos 4:11).

1. *Abraham veía a Dios como la fuente garantizada de la bendición. Lea Hebreos 11:1, 2, 6 y 8-12. ¿Qué fue lo que hizo Abraham que agradó a Dios?*

2. *¿Qué relación hay entre la fe en Dios que tiene una persona y las bendiciones que recibe?*

"" PARA CONVERSAR ""

En su vida, ¿quién es el mejor ejemplo de alguien que parece disfrutar continuamente de las bendiciones de Dios?

¿A qué atribuye usted las diferencias entre la vida de esa persona y la suya?

JACOB: EL HOMBRE QUE LUCHÓ PARA QUE LO BENDIJERAN

[Lea Génesis 32:22-29]

Dios le renovó a Isaac la promesa de bendecir a su padre Abraham (Génesis 26:24), y de nuevo a Jacob, el hijo de Isaac (35:9). Jacob, cuyo nombre significaba "tramposo" o "atrapador", comenzó su vida manipulando a los demás para salir adelante. Pero una noche, se enfrentó cara a cara con la verdadera fuente de bendición. Un ser angélico se encontró con él en la oscuridad, y lucharon cuerpo a cuerpo. Jacob forcejeó con él toda la noche para ganarle. Al llegar la mañana, sabía ya con quién estaba luchando. Entonces clamó: "No te soltaré si no me bendices" (Génesis 32:26).

Era el clamor que Dios estaba esperando escuchar. El ángel le dio a Jacob la bendición de Dios. Y Jacob recibió un nuevo nombre: Israel, o "príncipe con Dios".

3. *¿Cómo le parece que la gente de hoy forcejea y lucha con Dios? ¿Por qué Jacob luchó con Dios antes de pedirle la bendición?*

4. *¿Qué habría dicho usted si hubiera sido Jacob y el ángel le hubiera dicho: "Te voy a bendecir. ¿Cuál bendición en particular quieres?"*

DAVID: EL HOMBRE QUE ENTENDÍA LA FUENTE DE LAS BENDICIONES.

[Lea 1 Crónicas 29:9-18]

La abundante generosidad del pueblo judío en sus ofrendas para el templo fue uno de los puntos más destacados dentro de los últimos días del rey David. Tal vez mejor que ninguna otra persona del Antiguo Testamento, David comprendía el profundo papel que desempeñaba Dios en este acto de adoración sacrificada.

5. *Haga una lista de las bendiciones mencionadas en este pasaje, y que David revela que vienen de Dios.*

6. *Describa lo mejor que le ha pasado en los últimos tres meses. Lea Santiago 1:17. ¿Lo relacionó con la bendición de Dios y le dio gracias a Él?*

4. ¿CÓMO HAGO QUE LLEGUEN A SU MÁXIMO LAS BENDICIONES DE DIOS?

IDEA # 1

"No es egoísmo orar diciendo: '¡Oh, si en verdad me bendijeras!'"

A muchos cristianos, todo esto de orar para pedir bendiciones personales les parece equivocado. Preguntan: *¿Acaso no debemos orar por los demás, y no por nosotros mismos? ¿No es egoísmo pedir por mí?*

CLAVE Por supuesto, pedir bendiciones no es la única manera de orar. Se nos enseña a interceder por los demás, a confesar, a adorar, y a dar gracias.

La oración de Jabes comienza sencillamente con nuestro urgente anhelo de recibir el favor especial de Dios. Se basa en una confianza radical en que Dios va a responder con gran amor.

En cuanto a los versículos que aparecen a continuación, escriba lo que descubra acerca de Dios que lo anime a pedir valientemente su bendición:

1 JUAN 3:1. *Somos los amados de Dios*______________________.

ROMANOS 8:16-17. *No somos solo hijos de Dios, sino también*__________.

MATEO 7:9-11. *Comparado a un padre terrenal que quiere bendecir a su hijo, nuestro Padre es*________________ *para darnos buenas cosas.*

MATEO 7:7-8. *Jesús prometió que nuestras oraciones obtendrían resultados, si nosotros* ______________, ______________ *y*______________.

EFESIOS 3:20. *Dios es poderoso para hacer "* ____________________ *mucho más abundantemente de lo que pedimos o entendemos".*

CONCRETEMOS

Dios se agrada cuando, como Jabes, nosotros le pedimos confiadamente lo mejor que tiene para darnos, sin concretar con exactitud cómo queremos que nos bendiga. Pero no tiene nada de malo que vayamos más allá de la oración de Jabes para pedirle que nos bendiga de una manera concreta. Esas oraciones agradan también al Señor. Todo lo que necesitamos es estar seguros con respecto a nuestra motivación... y mantener los ojos bien abiertos para ver sus sorprendentes respuestas.

IDEA # 2

"No siempre la bendición equivale a 'salud y riqueza'".

Lamentablemente, hay quienes enseñan que Dios quiere que todos los creyentes prosperen en lo material, y que nuestra prosperidad es prueba del favor divino. Eso significaría que si no tenemos la casa y el auto que queremos, hay algo que no está bien en nuestra fe.

PARA CONVERSAR

¿Lo puede bendecir Dios aun cuando parezca estarse negando a alguna petición en particular? ____________________

¿Como? ____________________

CLAVE Esta enseñanza es una distorsión de lo que dice claramente la Biblia en 1 Timoteo 6:5-10. También contradice no solo el llamado de Jesús a tomar nuestra cruz y seguirlo, sino también su propio ejemplo de dejar a un lado las comodidades del mundo para hacer la voluntad de su Padre, hasta el punto de llegar a morir en la cruz (Filipenses 2:5-8).

Entonces, ¿cómo oramos para pedir una generosa bendición sin pasarnos a hacer una oración que no honre a Dios?

SANTIAGO 4:3. *Ore con una motivación*____________________.

1 JUAN 5:14. *Ore de acuerdo con la* ____________________ *de Dios.*

MATEO 6:33. *Busque*____________________*el reino de Dios.*

1 JUAN 2:15-17. *Asegúrese de que el amor por el mundo y sus valores no haya reemplazado a su*____________________ *por Dios.*

1 TIMOTEO 2:1. *No ore solo por usted mismo, sino también por las necesidades de* ____________________.

1 CORINTIOS 10:31. *Evalúe todo lo que hace y quiere, y por lo que ora, y decida si es algo que le va a dar* ____________________ *a Dios.*

FILIPENSES 3:8-10. *Pida y busque una relación creciente con* __________ *para poderse hacer más semejante a Él.*

5. ¿CÓMO RECIBO LAS BENDICIONES DE DIOS EN MI VIDA?

Es muy sencillo: Haga lo que hizo Jabes. Él "invocó al Dios de Israel". Aunque Dios tiene poder para derramar todas las cosas buenas sobre nuestra vida de manera automática, ese no es su plan. Su plan es que nosotros hagamos algo. Y lo que tenemos que hacer es pedir.

1. *¿Qué le dicen estos pasajes acerca del deber de pedir?*

   MATEO 7:7-11

   FILIPENSES 4:19

   SANTIAGO 1:5-8

   HEBREOS 4:14-16

2. *Lea Mateo 7:11. ¿Qué componente clave necesitamos para que nuestro Padre celestial nos dé "cosas buenas"? ¿De qué manera ilustra la oración de Jabes lo que Cristo está enseñando aquí?*

3. *Una de las partes más inspiradoras de la oración de Jabes para pedir bendición no aparece en nuestra traducción. Literalmente diría "¡Oh, si ciertamente me dieras bendición!". Ese "ciertamente" indica que Jabes estaba pidiendo una cantidad increíble de bendiciones. Lea con detenimiento Efesios 3:20. ¿Cómo define Pablo aquí la palabra ciertamente?*

"LLEVE POR LO MENOS UN BALDE..."

Pedir es lo primero para recibir.
Asegúrese de no ir al océano con una cucharita.
Por lo menos lleve un balde, para que los niños no se rían de usted.

JIM ROHN

6. ¿QUÉ ASPECTO TENDRÍA MI VIDA SI YO PIDIERA BENDICIONES?

e XTRA Busque indicaciones acerca de la vida de bendición en estas cartas que hallará en el sitio de *La oración de Jabes* en la web (www.prayerofjavez.com) [en inglés].

UN CAMBIO EN LA ECUACIÓN

Lo estupendo en la oración de Jabes es que uno se está poniendo en las manos de Dios, y entregándose a su voluntad. Creo que eso es lo que a Dios le agrada tanto. Nos sacamos a nosotros mismos de la ecuación, y así quitamos todos los obstáculos para que Él pueda hacer exactamente lo que siempre ha querido hacer. —Anónimo.

UNA ORACIÓN EGOÍSTA CAMBIA A UNA "PERSONA EGOÍSTA"

Es irónico: La oración de Jabes pide bendiciones personales, pero después de leer dos veces el libro y decir la oración durante treinta y seis días, me he dado cuenta de lo egoísta que soy. He comprendido que tengo que ser más comprensiva y sensible ante los demás en mi trabajo antes de poderlos ayudar. He recibido bendiciones, pero solo después de poner a los demás por delante de mí misma. Él me está moldeando para que sea el vaso capaz de permitir que Dios ayude a sus hijos a través de mí. ¡Eso es una bendición! —Karen.

EN MARCHA

Dios ha puesto en marcha mi viejo y maltratado camión, me ha dado más trabajo del que puedo hacer, y ha enderezado muchas otras cosas. —Wayne.

UN MATRIMONIO LIBERADO

Hace varios años, mi esposo y yo nos hallábamos en serios problemas económicos, y nuestro matrimonio había llegado a su punto más bajo. Una noche, le pedí ardientemente a Dios que bendijera mi matrimonio y nuestro futuro. Le dije que sabía que era su voluntad que nuestro matrimonio le diera honra a Él. Lo que sucedió después me dejó atónita. No voy a decir que fuera fácil, pero a medida que mi esposo y yo le pedíamos constantemente a Dios sus bendiciones y las esperábamos, íbamos quedando libres. Hoy estamos más enamorados que cuando nos casamos. Dios nos ha bendecido tanto económicamente, que les hemos podido dar un auto a nuestros padres, y el pago inicial de su casa a un amigo. ¡Qué bueno es Dios! —Anónimo.

7. ¿QUÉ ESTÁ IMPIDIENDO QUE ME ABRA PASO HACIA LA VIDA DE BENDICIÓN?

Jabes comenzó la vida con una desventaja: "Su madre lo llamó Jabes, diciendo: Por que lo di a luz con dolor".

CLAVE Sin embargo, no permitió que un pasado doloroso o un presente nada prometedor impidieran que le pidiera a Dios una gran bendición.

¿Ha comenzado usted su vida con alguna desventaja? ¿Se ha enfrentado a la vergüenza y el rechazo? ¿Le parece que es un don nadie? Las experiencias negativas de la vida pueden influir profundamente sobre la forma en que nos vemos a nosotros mismos, así como nuestra manera de comprender a Dios y relacionarnos con Él. Pueden cambiar nuestra forma de orar, y alejarnos de la abundancia de lo mejor que Él tiene para nosotros.

> **PARA CONVERSAR**
>
> Si Jesús se le acercara para decirle: "Te voy a bendecir grandemente, y voy a cambiar al mundo a través de ti, pero... debes sacrificarte por mí", ¿qué le respondería usted? (vea Hechos 9:10-16).
>
> ______________________
>
> ¿Cómo?
>
> ______________________

¿Se reconoce a sí mismo en algunas de las actitudes o creencias que aparecen a continuación?

☐ Sí ☐ No — 1. ATRAPADO. *"Me siento maldecido. Me siento atrapado entre un mal pasado y un sombrío futuro."*

☐ Sí ☐ No — 2. TEMEROSO. *"En realidad le tengo miedo a tanta bendición. Dios me podría virar al revés la vida. ¿Y si no la puedo controlar?"*

☐ Sí ☐ No — 3. INDIGNO. *"¿Por qué me va a bendecir, si no me lo merezco? Primero tengo que poner orden en mi vida."*

☐ Sí ☐ No — 4. IMPOSIBLE DE AMAR. *"Soy imposible de amar. Tal vez Dios me ame un poco, pero... ¿amarme tanto como para bendecirme de veras? ¡No lo creo!"*

☐ Sí ☐ No — 5. ESCÉPTICO. *"No estoy seguro de que Dios se meta en todo esto, sobre todo en las cosas de mi insignificante vida."*

Si hay una o más de estas afirmaciones que definan la forma en que usted piensa o siente, hay una mentira que le está robando la bendición. Lea la verdad en las citas siguientes. Después haga una paráfrasis de esa verdad, como creencia nueva con la que se va a abrir paso en la vida.

1. ¿ATRAPADO? Lea 2 Corintios 5:17; 2 Corintios 4:16-18; 1 Corintios 6:9-10.
   Mi nueva creencia es que no estoy atrapado. De hecho...

2. ¿TEMEROSO? Lea 2 Timoteo 1:7; Hebreos 13:5-6; Romanos 8:37-39; Mateo 6:25-30.
   Incluso cuando siento miedo, mi nueva creencia es...

3. ¿INDIGNO? Lea Colosenses 1:13-14; Gálatas 4:4-6; Efesios 2:8-10.
   Mi nueva creencia es que, lejos de ser indigno, soy...

4. ¿IMPOSIBLE DE AMAR? Lea Juan 3:16-17; 1 Juan 3:1-2; Romanos 8:15-17.
   Mi nueva creencia es que Dios me ama —y le agrado— porque...

5. ¿ESCÉPTICO? Lea Proverbios 3:5-6; Filipenses 1:6; Mateo 10:29-31.
   Puedo dejar mis dudas atrás, porque mi nueva creencia es...

MI NUEVO COMIENZO EN LA VIDA DE BENDICIÓN

Para terminar en bendición este estudio, hagan juntos en voz alta la oración siguiente. Después, pida que cada uno la haga solo cada día de la próxima semana.

Mi oración para pedir bendición

Señor amado,
quiero cuanta bendición
te complazca darme.
Perdóname por no haberlas deseado
lo suficiente como para pedirlas.
Te ruego que abras tu corazón y seas bondadoso conmigo.
Tú eres bueno, y todo cuanto haces es bueno.
Así que permíteme experimentarte hoy
en toda la abundancia de tu misericordia.
Toca mi vida de formas que sean personales,
para que no pase por alto tus huellas.
Bendíceme, Señor, te lo ruego; ciertamente, bendíceme.
Y yo te daré alabanza a ti,
de quien fluye toda bendición.
Amén.

Dios tenga misericordia de mí, y me bendiga; haga resplandecer su rostro sobre mí; Para que sea conocido en la tierra tu camino, en todas las naciones tu salvación.

ADAPTADO DEL SALMO 67:1-2

Segunda semana

¡ENSANCHARAS MI TERRITORIO!

Espera grandes cosas de Dios;
intenta grandes cosas para Dios.

WILLIAM CAREY

NACIDO PARA MÁS

Si con frecuencia le parece que sus circunstancias son ordinarias y sus horizontes estrechos, le va a encantar la parte siguiente de la oración de Jabes.

En su segunda petición, Jabes quiso más territorio. Con más influencia y mayores responsabilidades, Jabes podía dejar una huella más profunda para Dios en Israel, pero estaba atascado en un pequeño terreno de oportunidades. Así que pidió más.

A medida que vaya disfrutando cada vez más las bendiciones de Dios en su vida, el corazón se le desbordará, tocando cada vez a más personas para Él. La mayoría de la gente vive de una forma pasiva y a base de reaccionar; Jabes vivió de una forma saludable y activa. Dio un paso al frente y le pidió a Dios que ensanchara sus límites y extendiera su influencia.

¿Cree usted que Dios quiere que tenga más y haga más para Él? Yo sí. Pero pedir una vida más grande es algo que va más allá del tamaño de nuestra propiedad, como está usted a punto de descubrir.

EN ESTA SEMANA DESCUBRIRÁ...

- lo que significa la palabra *territorio.*
- por qué quiere Dios que usted tenga un territorio mayor.
- cómo ensancharon su territorio otros personajes de la Biblia.
- cómo arregla Dios encuentros divinos entre usted y otras personas.
- aquello que lo podría estar limitando a un pequeño terreno de oportunidades.
- cómo abrirse paso hacia una vida más grande cada día.

1. ¿SOY UN "ROMPEFRONTERAS"?

1. *Son muchos los cristianos que no están seguros de haber sido llamados a ser una parte estratégica de lo que Dios está haciendo en el mundo. En los tranquilos momentos de introspección, se preguntan si en realidad no habrán nacido para calientabancas, y no para rompefronteras. Son pocos los que saben que Dios los ha llamado a mucho más. Si los calientabancas se convencieran de que en realidad son rompefronteras, ¿cómo les cambiaría la vida?*

MI INVENTARIO DE TERRITORIO

2. *Observe de nuevo su conducta: ¿Está listo a levantarse a una vida mayor para Dios? Califíquese de acuerdo con esta norma: ❶Estoy en total desacuerdo. ❷No estoy totalmente de acuerdo. ❸No estoy seguro ❹Estoy de acuerdo. ❺ Estoy totalmente de acuerdo.*

___ Me inquieta la idea de aceptar nuevos desafíos para Dios.

___ Le pido a Dios que aumente el tamaño y alcance de mi influencia personal para Él.

___ Estoy alerta ante aquellos aspectos en los cuales les podría ministrar a otros.

___ Venzo mis temores iniciales cuando me encuentro con una nueva oportunidad de ministrar.

___ Estoy dispuesto a hacer sacrificios personales importantes a fin de tocar a este mundo para Dios.

___ SU PUNTUACIÓN: Sume los valores que les asignó a las cinco afirmaciones. Si tiene...

21-25	*Está ansioso por tomar territorios nuevos para Dios.*
16-20	*Está pensando en moverse.*
11-15	*No se opone a dar una breve caminata por los alrededores.*
5-10	*¡Necesita salir con más frecuencia!*

"" PARA CONVERSAR ""

¿Cómo es posible que alguien que ya se siente demasiado ocupado o desbordado, aumente su vida para Dios?

¿Significa siempre hacer más cosas el que busquemos más influencia o importancia?

2. ¿QUÉ SIGNIFICA ESO DE TERRITORIO, Y DÓNDE ESTÁ EL MÍO?

CLAVE En algunas versiones de la Biblia, la palabra traducida como territorio en 1 Crónicas 4:10 aparece como fronteras o costa. En los tiempos de Jabes, mientras más tierras tenía alguien, más provisiones, seguridad e influencia tenía. Yo creo que Jabes quería ensanchar su territorio, porque era un hombre honorable y quería más oportunidades para influir a favor del Dios de Israel.

Al igual que Jabes, nosotros tenemos territorio: muchas esferas de influencia que desbordan con una cantidad ilimitada de oportunidades. En este territorio están incluidos todos aquéllos cuya vida tocamos, ya sea en la familia, la iglesia, el negocio, la escuela o la comunidad. De la misma forma que nos bendice con un propósito, Dios también está listo a ensanchar nuestro territorio con un propósito: el de que tengamos más influencia a favor suyo.

1. *Mencione tres zonas de influencia donde tiene más posibilidad de impactar. Después escriba el nombre de una persona de cada zona, con respecto a la cual está en posición de influir más.*

2. *Describa sus sentimientos acerca del tamaño y la amplitud de su territorio ahora mismo. Si Dios se lo ensanchara hoy, ¿por dónde quisiera que comenzara, y por qué?*

ESFERAS DE INFLUENCIA

CLAVE Cuando nosotros estamos dispuestos a ensanchar nuestro territorio para Dios, Él nos ayuda a movernos por las esferas de influencia que ya tenemos:

- Comience con los parientes y amigos,
- pase a los vecinos y la comunidad,
- salte a nuevos lugares, nueva gente y nuevas culturas,
- pida el planeta entero.

3. *¿Cómo encaja este esquema con el plan de Jesús para la Iglesia naciente, tal como aparece en Hechos 1:8?*

LA PALABRA TERRIBLE

CLAVE Mi palabra preferida en cuanto a ensanchar el territorio es ministerio. El ministerio describe lo que sucede cuando Dios nos usa a nosotros para influir sobre otros a favor suyo. Podríamos decir que la Ley de Bienes Raíces de Jabes para los cristianos es:
Mi territorio = mis esferas de influencia = mis posibilidades de ministrar.

4. *El Nuevo Testamento enseña que todos los creyentes —no solo los predicadores, maestros y evangelistas— son llamados a servir a Dios en el ministerio (Hechos 13:2; Efesios 4:11). Observe lo que Dios ha provisto para usted:*

1 PEDRO 2:9-10. *Todo creyente es sacerdote para proclamar sus*_________.

MATEO 28:18-20. *Todo creyente ha sido comisionado para hacer*_________.

HECHOS 1:8. *Todo creyente recibe el poder del* ___________________.

1 CORINTIOS 12:4-11. *Todo creyente ha recibido*____________*espirituales.*

EFESIOS 2:10. *Todo creyente ha sido creado para buenas* ______________ *determinadas.*

5. *Dios lo formó cuidadosamente con un propósito determinado. Cuando usted le pide que ensanche su ministerio, Él suele coordinar las oportunidades con sus dones y talentos. Si usted fuera a describir la forma en que el Señor lo puede usar con mayor eficacia para Él, ¿cuál sería esa forma?*

"" PARA CONVERSAR ""

¿Cuándo fue la última vez que usted le pidió más ministerio al Señor?

¿Qué sucedió?

3. ¿QUÉ DICE LA BIBLIA ACERCA DE TOMAR TERRITORIO PARA DIOS?

LA MAYOR "HISTORIA DE TERRITORIOS" JAMÁS CONTADA.

1ª parte (el Antiguo Testamento)

CLAVE La Biblia está formada por dos testamentos (el Antiguo y el Nuevo), que hablan de dos pueblos (los judíos y los cristianos), pero tiene un mensaje único: Dios busca un pueblo que lo adore y lo sirva a base de traer la salvación al mundo.

El pacto con Abraham (Génesis 12:1-3) revela el corazón misionero de Dios, que quiere alcanzar a todas las naciones a través de su pueblo, el pueblo hebreo, y por último, de su Hijo Jesucristo (Gálatas 3:8).

1. *¿Por qué cree usted que Dios quiso que toda la nación fuera misionera suya, en lugar de que hubiera un grupo selecto de misioneros pagados? ¿Cumplieron sus deseos?*

"" PARA CONVERSAR ""

Mire a su alrededor: ¿cuál es el territorio que sería más difícil de tomar para el Señor?

2. *¿Por qué Dios no se limitó a darles sin más la Tierra Prometida a los israelitas, sin hacer que lucharan por ella? ¿Cómo se relaciona esto con el hecho de que nosotros tomemos territorio para Él hoy?*

"YO OS HE ENTREGADO LA TIERRA..."

ANTIGUO TESTAMENTO

"Mirad, he puesto la tierra delante de vosotros; entrad y tomad posesión de la tierra que el Señor juró dar a vuestros padres Abraham, Isaac y Jacob, a ellos y a su descendencia después de ellos".

DEUTERONOMIO 1:8

LA MAYOR "HISTORIA DE TERRITORIOS" JAMÁS CONTADA.

2ª parte (el Nuevo Testamento)

CLAVE En el Nuevo Testamento, el centro de la atención pasa de alcanzar al mundo a través de la nación judía, a alcanzarlo a través de la Iglesia: los que han llegado a conocer a Jesucristo como Salvador personal, cualquiera que sea su nación o su raza. "Porque de tal manera amó Dios al mundo", le dijo Jesús a Nicodemo (Juan 3:16).

Eso sí que es ensanchar el territorio. Jesucristo vino a morir por los pecados del mundo (Lucas 19:10). Ahora, en lugar de poseer la tierra para la gloria de Dios, nuestra misión consiste en "Ir... y hacer discípulos a todas las naciones".

3. *Con frecuencia, cuando deseamos hacer más para Dios, sentimos que unas fuertes cadenas nos impiden el movimiento. ¿Cómo nos podemos librar de ellas?*

4. *El equivalente en el Nuevo Testamento a la hostilidad de las tribus enemigas es la persecución. ¿Qué persecución ha sufrido usted o su iglesia, y cómo han reaccionado ante ella?*

"" PARA CONVERSAR ""

¿Cómo cambia su manera de pensar acerca de esta parte de la oración de Jabes el conocimiento de que Jesús nos *ordena* tomar territorios?

"ID, Y HACED DISCÍPULOS A TODAS LAS NACIONES...

NUEVO TESTAMENTO

"Id, pues, y haced discipulos de todas las naciones, bautizándolos en el nombre del Padre y del Hijo y del Espíritu Santo; enseñándoles a guardar todo lo que os he mandado; y he aquí, yo estoy con vosotros todos los días, hasta el fin del mundo".

MATEO 28:19-20

4. ¿CÓMO PUEDE OBRAR DIOS A TRAVÉS DE MÍ PARA ALCANZAR A OTROS?

CLAVE Dios tiene planes para ayudarlo a ir más allá de las fronteras y los linderos y tocar vidas para Él. Yo las llamo Citas de Jabes. Se producen cuando nosotros respondemos ante algo que parece ser un encuentro dispuesto por Dios mismo... y le invitamos a Él a obrar. Muchas veces, nuestra cita comienza con una sencilla pregunta: "¿En qué le puedo ayudar?"

ESTUDIO DE CASO # 1

Felipe: Una cita de Jabes en un carruaje.
[Lea hechos 8:26-39]

Dirigido por un ángel, Felipe viajó al desierto para tener una cita de Jabes con un funcionario del gobierno etíope. El funcionario viajaba en su carruaje de vuelta a África. Sin esta cita milagrosamente dispuesta, aquel funcionario etíope, que había ido a Jerusalén en busca de Dios, habría regresado a su tierra sin oír el Evangelio.

1. *Puesto que el momento es importante en los encuentros, ¿qué puede aprender usted de la respuesta de Felipe apenas recibió el mensaje del ángel (Hechos 8:27)?*

2. *¿Cómo afectó al etíope el hecho de que Felipe estuviera dispuesto a cumplir con su cita en el desierto (vv. 37-39)?*

LA OPORTUNIDAD DE FELIPE EN MEDIO DEL CAMINO

"Cuando Felipe se acercó corriendo, le oyó leer al profeta Isaías, y le dijo: ¿Entiendes lo que lees? Y él respondió: ¿Cómo podré, a menos que alguien me guíe? E invitó a Felipe a que subiera y se sentara con él.

HECHOS 8:30-31

ESTUDIO DE CASO # 2

Pedro: Una cita de Jabes en el techo de una casa.
[Lea Hechos 10]

eXTRA Un soldado gentil llamado Cornelio quiere saber más acerca de Dios. Con la ayuda de un ángel y de un sueño muy alarmante, Dios reúne a Cornelio y a Pedro. La consecuencia: Una familia llega a la fe en Cristo, un creyente ensancha su territorio (y su comprensión del amor de Dios) y la Iglesia rompe con una antigua frontera formada por los prejuicios.

"" PARA CONVERSAR ""

¿En qué momento se ha sentido más seguro de que estaba acudiendo a una cita con alguien por disposición de Dios?

¿Qué hizo Dios a través de usted?

¿Qué pudo aprender de esa experiencia?

3. *Cornelio es ejemplo perfecto de un hombre que busca a Dios. A partir de Hechos 10:1-4, 22, y 30-34, mencione sus formas de conducta que revelan su hambre de Dios.*

4. *Algunas veces no sabemos qué decirle a una persona que busca como Cornelio. El pequeño mensaje de Pedro es fácil de usar. Haga un bosquejo de sus puntos, según Hechos 10:34-43.*

5. *¿Puede hallar el momento en que Pedro pregunta: "¿En qué le puedo servir?"*

EL GRAN "¡AJÁ!" DE PEDRO

¡Cuán hermosos son los pies de los que anuncian el evangelio del bien!

ROMANOS 10:15

5. ¿QUÉ ASPECTO TENDRÍA MI VIDA SI DIOS ENSANCHARA MI TERRITORIO?

e XTRA Las cartas que aparecen en estas páginas proceden del sitio de *La oración de Jabes* en la web (www.prayerofjabez.com) [en inglés]. Revíselas y en ellas encontrará indicaciones en cuanto a la toma de territorios y...

- la forma en que obra Dios;
- la forma en que Dios nos usa sin que tengamos mucha experiencia;
- lo rápido que Dios puede responder nuestra oración cuando le pedimos más territorio;
- cuándo y dónde podemos tener una Cita de Jabes;
- cómo se sentirá usted cuando sepa que ha tenido una cita así.

¡AMÁRRENSE EL CINTURÓN DE SEGURIDAD!

La oración de Jabes debería venir con cinturones de seguridad. Es una carrera loca. Desde que estoy orando como Jabes, toda una oleada de ateos me han estado enviando correos electrónicos, llamándome, trabajando para mí y encontrándose conmigo en medio de la noche en un pueblo lejano. Nunca he hablado sobre Jesús con más ateos en toda mi vida. No estoy seguro de por qué estoy recibiendo de mi Padre los trabajos de avanzada en cuanto a testificar, pero confío en que Él sabe lo que está haciendo en su plan perfecto, hecho para mi vida. — Marcos

¿INCREÍBLE?

Mientras leía su libro, comencé inmediatamente a orar pidiéndole a Dios que ensanchara nuestro territorio. Pero antes de terminar el libro, recibí un correo electrónico de una periodista que trabaja en USA Today, donde me decía que se había encontrado por casualidad nuestro sitio en la Web y se preguntaba si podría hacer un artículo sobre nuestro ministerio para su periódico. Tuve que apresurarme a leer el resto de su libro para ver qué debía hacer después. Por increíble que parezca (en términos humanos), USA Today publicó un artículo a media página donde no solo se presentaba nuestro ministerio, sino que con claridad y delicadeza se le señalaba a la gente que la vuelta a Dios y a la Biblia era la solución de sus problemas. — Eric

ESPERANDO UNA RAZÓN DE SER

He pedido una bendición cada día desde que leí su libro, y he recibido una o más por día. Por ejemplo, mientras estaba en la sala de espera de un hospital, me senté junto a una señora a cuyo esposo estaban operando de cáncer. Comenzamos a conversar. Estaba realmente necesitada de que alguien la oyera. Incluso mientras hablábamos, me sentí bendecida y supe que el Señor estaba ensanchando mi territorio. Más tarde, ella me dijo que sentía que el Señor me había enviado a estar con ella en esos momentos — Anónimo.

"YO SOY INTROVERTIDA..."

El martes pasado, una señora comenzó en la oficina del médico a conversar conmigo acerca de su familia. Yo le pregunté dónde vivía su hija. Descubrí que vivía a una calle de donde vivo yo, y que no conocía al Señor. Después que yo oré por ella, la señora me miró con los ojos llenos de lágrimas y me dijo: "Usted sabe que Dios quiso que nos encontráramos aquí hoy". Sí, señora, por supuesto que lo sé. Lo curioso es que yo soy introvertida, y siempre me ha costado mucho hablar con personas desconocidas. Al parecer, Dios no sabe eso. — Anónimo.

¿QUÉ VA A HACER DIOS DESPUÉS DE ESTO?

Esta mañana temprano, oré para pedir más territorio. Tan pronto como llegué al trabajo, recibí una llamada de una señora para pedirme que formara parte de una junta que supervisa un grupo de mentores que tratan de mantener a los adolescentes en la escuela. De inmediato, Dios me habló en el espíritu para decirme que Él estaba ensanchando mi círculo de influencia y que me daría oportunidades de ministrar en su nombre. ¿Qué va a hacer Dios después de esto? — Jay

USTED NECESITA UN MILAGRO HOY

Las citas de Jabes son milagros. Se producen cuando Dios se mueve de manera sobrenatural para disponer las circunstancias y reunir a la gente, de tal manera que se extienda nuestro ministerio. Los milagros no son mágicos, y no siempre quebrantan las leyes de la naturaleza, pero exigen que Dios intervenga. Por ejemplo, cuando Cristo calmó la tormenta, no se quebrantó ninguna ley de la naturaleza. Solo cambió el momento en que terminó aquella tormenta. Cuando le proporcionó una pesca abundante a Pedro, tampoco quebrantó ley alguna de la naturaleza, sino que Dios reunió sobrenaturalmente a los peces con la red de Pedro.

Dios está dispuesto a responder nuestra oración para pedir un Milagro de Jabes. Él va a...

- disponer su día, de manera que usted entre en contacto con la persona correcta,
- darle las palabras que debe decir cuando no se le ocurra ninguna,
- proporcionarle una sabiduría que usted no sabía que tenía,
- darle valentía cuando tenga miedo,
- recordarle versículos clave de las Escrituras relacionados con la situación.

6. ¿QUÉ IMPIDE QUE YO ALCANCE MÁS TERRITORIO?

CLAVE Fronteras, límites, zonas de comodidad. Todos los tenemos: son esas líneas invisibles que no queremos cruzar. ¿Por qué? Porque pensamos que la vida realmente buena se encuentra *a este lado* de la línea, donde todo es seguro y conocido. Pero piense en lo siguiente: ¿Acaso Dios no acumula a veces tantas bendiciones sobre nuestra vida, que nos sentimos ansiosos por cruzar esa línea para ir a hablarle a alguien del amor divino?

¿Se reconoce a sí mismo en alguna de las actitudes o creencias limitadoras que aparecen a continuación?

LOS PENSAMIENTOS DE ALAMBRE DE PÚAS QUE ME TIENEN CERCADO

☐ Sí ☐ No 1. TÍMIDO. *"Temo a la gente nueva y las situaciones nuevas. ¿Podría tomar territorio para Dios desde la seguridad de mi diván?"*

☐ Sí ☐ No 2. SIN DONES. *"Soy tan común y corriente, que soy prácticamente invisible. Y no tengo ningún don especial. ¿Cómo puede lograr Dios que yo me convierta en una influencia para Él?"*

☐ Sí ☐ No 3. CON TEMOR A FRACASAR. *"Tengo miedo de que Dios me saque de mi zona de comodidad, me meta demasiado hondo y fracase. Y detesto el fracaso."*

☐ Sí ☐ No 4. REACIO A ENTREGAR EL CONTROL. *"Si yo suelto el control, me preocupa lo que Dios vaya a hacer conmigo, como enviarme a los peores lugares de la tierra. O hacer que abandone mis posesiones más preciadas. O pedirme que le hable a mi madrastra."*

☐ Sí ☐ No 5. EXCESIVAMENTE EXTENDIDO. *"No tengo ni el tiempo ni los recursos. De hecho, ahora ya estoy demasiado ocupado."*

UN SALTO

No tengas miedo a dar un gran paso.
No se puede cruzar un abismo con dos saltos pequeños.

DAVID LLOYD GEORGE

Si una o más de estas afirmaciones describe la forma en que usted sienta o piensa, es que hay una mentira que le está robando la vida más grande que Dios anhela darle. Lea las verdades que aparecen en las citas siguientes. Después haga una paráfrasis de esas verdades como creencias nuevas para hacer progresar su vida.

CORTAALAMBRES, ROMPECERCAS Y FABRICANTES DE HORIZONTES NUEVOS

1. ¿TÍMIDO? Lea Proverbios 29:25; Jeremías 1:6-8; 2 Timoteo 1:7; Hebreos 13:6.
   Mi nueva creencia es...

2. ¿SIN DONES? Lea 1 Corintios 1:26-29; 2 Corintios 4:7; 12:6-7; Romanos 12:5-8.
   Mi nueva creencia es...

3. ¿TEMOR AL FRACASO? Lea Salmo 18:28-36; Nahum 1:7; Mateo 10:18-20.
   Mi nueva creencia es...

4. ¿RETICENTE A ENTREGAR EL CONTROL? Lea Romanos 12:1; Proverbios 3:5-6; Salmos 27:1; 37:3-7; 56:3-4; Hebreos 11:1, 6.
   Mi nueva creencia es...

5. ¿EXCESIVAMENTE EXTENDIDO? Lea Mateo 11:28-30; Isaías 40:29-31; Marcos 10:27; Filipenses 4:12-13; Hebreos 10:35-38.
   Mi nueva creencia es...

MI NUEVO COMIENZO EN LA VIDA MÁS AMPLIA

Para terminar este estudio sobre la expansión del territorio, hagan juntos en voz alta la oración siguiente. Después, pida que cada uno la haga solo cada día de la próxima semana.

Mi oración para pedir territorio

Señor amado,
gracias por hacerme a tu imagen
y prepararme para un destino
maravilloso e importante.
Perdóname el que me haya retirado
a mis propios sueños, tan pobres y limitantes.
Cuando hago esto, te niego la libertad necesaria
para usarme como boca, manos y corazón tuyo.
Quiero hacer realidad ese sueño tuyo del tamaño del mundo
que tienes para mí todos los días de mi vida.
Y en la eternidad, quiero correr hasta tus brazos,
mientras escucho que me dices: "¡Bien hecho!"
Te ruego que ensanches mi influencia e impacto para ti
más allá de cuanto yo me habría podido imaginar.
Soy tu siervo leal.
Aquí estoy, Señor; te ruego que me envíes a mí.
Amén.

"Y oí la voz del Señor que decía: ¿A quién enviaré, y quién irá por nosotros? Entonces respondí: Heme aquí; envíame a mí.
ISAÍAS 6:8

Tercera semana

¡Y TU MANO ESTUVIERA CONMIGO!

Nadie se vuelve realmente
espiritual a base de
sentarse a desearlo.
Es necesario emprender
algo tan grande,
que no se pueda realizar
sin ayuda.

PHILLIPS BROOKS

ES HORA DE HUNDIRSE O NADAR

¿Se ha comprometido alguna vez con una fuerte tarea, solo para descubrir demasiado tarde que se ha metido *demasiado hondo* en el asunto?

Cuando le pida a Dios más bendiciones y más territorio, va a tener esa experiencia. Se sentirá como si se hubiera lanzado a remar en un salvavidas a lo largo de su piscina favorita, para terminar en medio del Canal de la Mancha.

Jabes conoció esa sensación. Por eso, en la tercera parte de su oración clamó: "¡Y tu mano estuviera conmigo!"

Sin embargo, para el cristiano, darse cuenta de que necesita con urgencia el poder sobrenatural es llegar a un punto de gran promesa. Es el umbral hacia el tipo de vida que transforma a otras vidas y marca una huella en el mundo para Dios. Y eso es exactamente lo que Dios tiene pensado para usted.

EN ESTA SEMANA DESCUBRIRÁ...

- lo que significa tener *la mano de Dios* sobre sí.
- por qué es normal que nos sintamos "demasiado metidos", y qué debemos hacer al respecto.
- lo que la Biblia dice acerca de la llenura del Espíritu de Dios.
- qué puede estar impidiendo que le pida a Dios que ponga su mano sobre usted.
- cómo puede experimentar el poder de Dios en su vida hoy.

1. ¿CUÁNTO EXPERIMENTO EL PODER DE DIOS?

1. *Una de las enseñanzas más notables de la Biblia es que la mano del Dios Omnipotente puede descansar sobre una persona para proporcionarle todo el poder y los recursos que necesite a fin de realizar su voluntad. Describa un momento en su vida en el que sintió o presenció que la mano de Dios se movía poderosamente. ¿Qué sucedió?*

MI INVENTARIO DE PODER

2. ¿Hasta qué punto cuenta usted con que la mano de Dios se mueva a favor suyo mientras ensancha su territorio para Él? Califíquese de acuerdo con esta norma: ❶ Estoy en total desacuerdo. ❷ No estoy totalmente de acuerdo. ❸ No estoy seguro ❹ Estoy de acuerdo. ❺ Estoy totalmente de acuerdo.

___ Cada vez que siento que Dios me está dirigiendo, estoy seguro de que tiene en mente su gloria y mi bien, sin que importe lo que yo esté sintiendo en el momento.

___ Cuando me siento inadecuado en una situación de ministerio, comprendo que este sentimiento lo tienen muchos que quieren tomar territorio para Dios.

___ Le pido a Dios fervorosa y frecuentemente que me llene con su Espíritu y su poder.

___ Creo que hacer la obra de Dios significa que debo estar dispuesto a intentar cosas que podrían exigir que Dios interviniera.

___ Creo que Dios siempre está listo para desencadenar su poder, incluyendo sus milagros, en la vida de los creyentes de hoy.

___ SU PUNTUACIÓN: Sume los valores que les asignó a las cinco afirmaciones. Si tiene...

21-25 *Usted está destinado a vender lo imposible.*
16-20 *Es muy probable que usted logre lo improbable.*
11-15 *Usted espera realizar lo realizable.*
5-10 *Usted necesita un nuevo reto.*

"" PARA CONVERSAR ""

Hoy la gente le da gran valor a la autosuficiencia. ¿Le parece que esta actitud afecta su forma de llevar la fe a la práctica?

___

Si así es, ¿cómo lo hace?

___

2. ¿QUÉ SIGNIFICA QUE LA MANO DE DIOS ESTÉ SOBRE MÍ?

CLAVE En la Biblia, la "mano de Dios" suele representar el poder y la presencia de Dios en una situación concreta, o sobre una persona determinada.. Si la mano de Dios estaba sobre alguien, Dios quería que esa persona triunfara en lo que estaba haciendo, e intervenía para asegurarse de que así fuera. Hay una cosa que se hace evidente al leer el Antiguo Testamento y el Nuevo: Dios estaba personalmente involucrado en la vida de sus hijos.

1. *¿Qué le dicen estos pasajes del Antiguo Testamento sobre la forma en que Dios interviene a favor de los suyos?*

   ÉXODO 6:6-7

   NÚMEROS 11:21-23

   2 CRÓNICAS 30:12

   ESDRAS 7:27-28

   NEHEMÍAS 2:7-8

2. *Si usted estuviera convencido de que la mano de Dios está sobre usted, ¿en qué se diferenciaría de la actual su reacción ante una situación difícil (vea Nehemías 2:20)?*

3. *¿Cómo se sentiría si viera obrar el poder de Dios a través de usted de tal forma, que estuviera seguro de que es Dios quien ha obrado, y que nadie más lo habría podido hacer? ¿Cambiaría esto lo que usted intentaría hacer para Dios la próxima vez?*

"RECIBIRÉIS PODER..."

CLAVE Cuando se va siguiendo la "mano de Dios" del Antiguo Testamento al Nuevo, se observa de inmediato un drástico cambio. El poder de Dios sigue interviniendo en todas sus páginas, pero la descripción "mano de Dios" es sustituida por "Espíritu de Dios". Tal como Jesús profetizó (Juan 14:16-17, 26; 15:26-27; 16:7-14), el Espíritu Santo habitaría en sus discípulos, mientras que la mano de Dios descansaba sobre ellos. (En Hechos 11:21, se usa la expresión "mano de Dios" de manera intercambiable con "Espíritu de Dios".) Esto significa que cuando un cristiano ora pidiendo: "Que tu mano esté conmigo", en realidad está pidiendo el poder del Espíritu de Dios.

4. *Según los pasajes siguientes, ¿qué recursos sobrenaturales están a la disposición de todo creyente por medio del Espíritu Santo?*

HECHOS 1:8. *Poder sobrenatural para ser* __________________ *de Cristo.*

HECHOS 16:6-7. ________________________________ *sobrenatural.*

ROMANOS 8:13. *Poder sobrenatural para hacer* __________________.

ROMANOS 8:16. *Confirmación sobrenatural de que somos* ______________.

ROMANOS 8:26-27. ____________________ *sobrenatural a favor nuestro.*

1 *Corintios* 2:10-12. *Comprensión sobrenatural de* __________________.

1 CORINTIOS 12:7-9. __________________ *sobrenaturales para ministrar.*

GÁLATAS 5:22-23. __________________ *sobrenatural en nuestro carácter.*

"" PARA CONVERSAR ""

¿Cuáles de estos dones ha experimentado usted más?

¿Cuáles querría pedirle a Dios que le permita experimentar más?

3. ¿QUÉ OTROS PERSONAJES DE LA BIBLIA EXPERIMENTARON LA PRESENCIA DE LA MANO DE DIOS SOBRE ELLOS?

GEDEÓN, PRIMERA PARTE: UN HÉROE SALE DE SU ESCONDITE

[Lea Jueces 6:1-16]

Para liberar a Israel de la opresión de parte de los merodeadores madianitas, Dios escogió a un hombre llamado Gedeón. Cuando el ángel llega a decirle la noticia, Gedeón está trillando trigo dentro de un lagar, por miedo a que sus enemigos vean su cosecha y se la roben. No obstante, el ángel lo saluda con estas palabras: "El Señor está contigo, valiente guerrero" (v. 12).

1. *¿Por qué cree que el ángel le dijo a Gedeón que él era un "valiente guerrero", cuando él se estaba comportando con tanto miedo?*

2. *¿Por qué es posible que Dios escoja al más débil para una tarea, en lugar de escoger a los más fuertes? (vea 1 Corintios 1:18-31).*

3. *¿Se ha sentido usted alguna vez como se sintió Gedeón, porque Dios le ha pedido que haga algo (vea Jueces 6:13-15)? ¿Cómo reaccionó?*

4. *Dios les había permitido a los madianitas que dominaran a Israel, a causa del pecado del pueblo (vea vv. 1-2). ¿Es posible que el pecado de su vida esté impidiendo que Dios le manifieste su verdadero poder?*

"" PARA CONVERSAR ""

Lea Jueces 6:36-40. ¿Es correcto que le pidamos confirmación a Dios con respecto a lo que creemos que nos está diciendo?

¿Hay ocasiones en que hacerlo le podría desagradar a Dios?

GEDEÓN, SEGUNDA PARTE: UN HOMBRE DÉBIL VA A LA GUERRA

[Lea Jueces 7]

Cuando por fin Gedeón se siente listo para ir a la guerra con su ejército, Dios hace algo inesperado: Mengua el ejército de Gedeón hasta llevarlo de treinta y dos mil hombres a solo trescientos.

5. *Vea Jueces 7:2-4 y observe después el tamaño del ejército enemigo (v. 12). ¿Qué verdad importante ejemplifica esta historia acerca de la forma en que puede obrar la "mano de Dios"? ¿Qué está Dios tratando de evitar (vea el v. 2)?*

6. *¿Cómo es posible que sea cierto que Dios nos da la victoria, pero nosotros tenemos que pelear la guerra (vea 7:2)?*

"" PARA CONVERSAR ""

¿Ha estado alguna vez en una situación en la que ya se sentía inadecuado, y entonces Dios le pide que se vuelva *más aun?*

¿Qué sucedió?

VALOR PARA COBARDES

eXTRA No se pierda la forma en que Dios se interesó por la necesidad de sentirse seguro que tenía Gedeón. Busque nueve mensajes o acciones destinados a darle aliento. Escriba lo que le parece que Dios quería que Gedeón entendiera en cada uno de ellos.

JUECES 6:12 *Con Dios, puedo* ser *valiente y fuerte.*	6.14	6:16
6:18	6:21	6:23
6:38	6:40	7:10-11

¿QUÉ OTROS PERSONAJES DE LA BIBLIA...? (CONTINUACIÓN)

CLAVE Al igual que sucede con el ejemplo de Gedeón en el Antiguo Testamento, vemos en funcionamiento un esquema similar en el Nuevo:

- Dios escoge gente común y corriente para las misiones imposibles.
- Dios nos proporciona sus recursos y su poder sobrenatural.
- Con el poder de Dios, la gente común y corriente logra lo imposible (y sigue siendo gente común y corriente).

PEDRO: UN PESCADOR EN BUSCA DE UNA GRAN PESCA

Al cabo de unas cuantas páginas, podemos ver lo que le sucede a un impredecible pescador llamado Pedro, después de recibir el poder del Espíritu Santo (Hechos 1:8; 2:1-4) para extender el territorio de la Iglesia.

1. *Pedro predica con valentía (Hechos 2:36-41). El discípulos que había abandonado a su Señor unas semanas antes (Juan 18:15-18) se convierte en el primer evangelista de multitudes de la Iglesia. ¿Cuáles son los extraordinarios resultados (Hechos 2:41)? ¿Le parece que Dios sigue aún deseando que se produzcan estos resultados?*

2. *Pedro sana a un cojo (Hechos 3:1-10). ¿Qué hizo Pedro para aclarar que el poder para sanar no procedía de él mismo (v. 6)?*

3. *Hechos 4 revela los dos secretos que deben comprender todos los que hagan la oración de Jabes para pedir la mano de Dios.*

   HECHOS 4:5-13 *El poder se basa en nuestra relación con*_______________.

   HECHOS 4:31 *El poder se recibe con la llenura del* __________________.

4. *Jesús dice: "¿Te das cuenta ahora?" Vuelva atrás para leer Juan 21:1-11. ¿Qué lecciones acerca del poder de Dios para el ministerio le parece que Jesús estaba tratando de compartir con Pedro y con los demás aquella mañana en la orilla?*

4. ¿CÓMO CAMBIARÍA MI VIDA SI YO PIDIERA MÁS DEL ESPÍRITU DE DIOS?

Lea estas cartas tomadas de www.prayerofjabez.com(en inglés) en busca de indicaciones sobre la forma en que Dios podría querer liberar su poder a través de usted.

SE IMPIDE UNA TRAGEDIA

Recibí una llamada de una mujer con ideas suicidas. No sabía que ya había acuchillado a su nieto y estaba decidida a "llevárselos a todos a la otra vida con ella". Pero Dios me usó para evitar esta tragedia; pudimos conseguirle la ayuda que necesitaba, y salvarles la vida a sus nietos. ¡Qué grande es la responsabilidad que Dios me ha encomendado! Pude pasar por todo aquello con éxito, y vi su mano obrando a cada paso del camino. — Cindy

FORTALEZA PARA MÁS

*Cuando entré a la secundaria el año pasado, le pedí a Dios que me usara al máximo, y me parece que así lo ha hecho. Me ha puesto en muchas posiciones de liderazgo en la iglesia y en la escuela. Pero después de darme esas oportunidades para "ampliar mis horizontes", me sentí abrumado y no quise seguir adelante. Sin embargo, anoche le volví a consagrar mi vida. Hoy salí, pidiéndole que se hiciera su voluntad. Tuve muchas oportunidades de alcanzar a otros. Hasta mi madre escuchó la Palabra, después de diez años de intentarlo. Ahora me doy cuenta de que puedo hacer más aun, a medida que Él me dé la fortaleza necesaria para hacerlo. — J*ustin

CONVIRTIENDO EN MUCHO LO POCO

Ciertamente parece raro que el pastor principal de una iglesia grande y en pleno crecimiento sea tan necio como para creer que dejar esa congregación y comenzar de nuevo con cuarenta y cinco personas sea la forma de tocar al mundo. Sin embargo, eso es lo que Dios me está llamando a hacer. Él tiene una forma maravillosa de tomar lo poco y convertirlo en mucho; de tomar lo ordinario y convertirlo en lo extraordinario. — Forrest

5. ¿CÓMO EXPERIMENTO LA LLENURA DEL ESPÍRITU?

CLAVE Si usted ha recibido a Cristo como Salvador personal, entonces la Biblia enseña que ha recibido al Espíritu Santo. De hecho, Romanos 8:9 afirma que no se puede ser un cristiano verdadero sin el Espíritu Santo. La Biblia no solo lo invita a buscar una relación más profunda con Jesucristo, sino también a ser lleno del Espíritu Santo de una forma más amplia. ¿Por qué? Porque con el fin de hacer obras extraordinarias para Dios, usted necesita estar lleno de su poder.

PRIMERA PARTE: ¿QUÉ ES EXACTAMENTE LA LLENURA DEL ESPÍRITU?

El Espíritu Santo es una persona, y al ser salvo, usted lo recibe completamente; no de forma parcial. El libro de los Hechos presenta el hecho de que los primeros cristianos eran llenos repetidamente. Cuando estamos dispuestos a permitir que el Espíritu Santo nos sature, Él inunda todo nuestro ser con su presencia y poder. La llenura no consiste en tener más del Espíritu Santo, sino en que el Espíritu Santo nos tenga por completo a nosotros.

PRUEBA SOBRE EL ESPÍRITU:

1. *¿De quién es la responsabilidad de asegurarse de que yo sea lleno del Espíritu?*
   A] mía B] de mi pastor C] del predicador de la televisión D] de Dios E] es una cosa espontánea

2. *¿Quién es el que me da la llenura?*
   A] yo mismo B] mi pastor C] el predicador de la televisión D] Dios E] es una cosa espontánea

3. *Pedro volvió a orar para pedir la llenura en Hechos 4:31 porque:*
   A] la primera vez no funcionó B] necesitaba ser lleno de nuevo para realizar otra gran tarea C] era una formalidad D] necesitaba volver a ser salvo E] no lo sé

4. *La principal razón para ser llenos del Espíritu Santo es:*
   A] tener poder para impresionar B] tener unos sentimientos poderosos C] tener poder para hacer trucos D] tener poder para conseguir lo que quiero E] tener poder para hablarles a otros de Dios y de su Palabra

5. *Si tuviera que escoger una palabra que se usa repetidamente para describir la forma en que los discípulos hablaban en nombre de Dios después de ser llenos del Espíritu, yo diría que se manifestaban:*
   A] cautelosos B] confusos C] mal educados D] osados E] asustados

SEGUNDA PARTE: ¿PUEDO SER LLENO DEL ESPÍRITU?

Aunque la Biblia no nos da detalles concretos sobre la forma de ser lleno del Espíritu, muchos han hallado que estos cinco pasos son útiles.

1er paso: Reconózcalo cuando necesita ser lleno.

En el libro de los Hechos, los discípulos le pidieron repetidamente al Espíritu que los llenara. ¿La razón? Que les faltaban el poder y la valentía necesarios para cumplir con el ministerio que Dios les estaba dando. De igual manera, si a usted le falta valor o poder para ministrar, es hora de pedir una nueva llenura. Efesios 5:18 nos ordena mantenernos llenos continuamente.

2° paso: Confesar sus pecados y purificarse.

Los creyentes pueden entristecer y apagar al Espíritu por medio de la desobediencia. Antes de pedirle a Dios que lo llene, confiese sus pecados (1 Juan 1:9; 2 Timoteo 2:19-22). Vuelva a una relación íntima con Jesucristo.

3er paso: Pídale al Espíritu de Dios que lo llene para servir.

El Señor es quien llena del Espíritu, y usted necesita pedírselo en oración (vea Hechos 4:31). El Espíritu llena por vez primera, o de nuevo, a los creyentes, en respuesta a la oración. Hechos 4:31 afirma: "Después que oraron... todos fueron llenos".

4° paso: Identifique lo que el Espíritu quiere que usted haga.

La llenura del Espíritu no es la misma cosa que el "fruto del Espíritu", o "caminar por el Espíritu". La llenura se le da concretamente para que usted pueda hacer su obra (Hechos 4:29-31). Pida claridad en cuanto a lo que Él quiere que haga.

5° paso: Actúe con fe y en el poder del Espíritu.

Apenas hubieron orado los discípulos, el Espíritu los llenó, y "hablaban la palabra de Dios con valor" (Hechos 4:31). Tenga fe en que Dios ha oído su oración, y usted está lleno. Entonces, salga de inmediato a realizar la obra de ministerio en su poder.

"" PARA CONVERSAR ""

¿Ha cambiado algo dentro de esta enseñanza su manera de pensar acerca de la llenura del Espíritu Santo? Si así es, ¿cómo?

¿Cuál de los pasos descritos aquí le parece el más difícil, y por qué?

6. ¿HA CAMBIADO ALGO DENTRO DE ESTA ENSEÑANZA SU MANERA DE PENSAR ACERCA DE LA LLENURA DEL ESPÍRITU SANTO? SI ASÍ ES, ¿CÓMO?

CLAVE Si está listo para comenzar a experimentar la mano de Dios en su vida, trate de identificar los conceptos erróneos que se lo están impidiendo:

☐ Sí ☐ No 1. NO ES PARA MÍ. *Creo que es un poder misterioso que tiene la gente espiritual, pero que yo no puedo alcanzar.*

☐ Sí ☐ No 2. NO PUEDO CONTAR CON EL PODER DE DIOS. *Cuando llego a un punto en el que no puedo triunfar sin ayuda sobrenatural, siempre me desentiendo. Dudo que Dios venga a ayudarme; entonces, ¿por qué echarme a perder la vida?*

☐ Sí ☐ No 3. NO PUEDO RECIBIR MÁS PODER DE DIOS. *No creo en eso de que haya que pedir más del Espíritu. Todos los cristianos tienen el poder del Espíritu en igual medida y en todo momento.*

☐ Sí ☐ No 4. TENGO MIEDO DE PERDER EL CONTROL. *Si dejo que el Espíritu de Dios obre realmente a través de mí, podría hacer o decir locuras.*

☐ Sí ☐ No 5. ME LAS PUEDO ARREGLAR SOLO. *Por algo Dios me dio capacidades, recursos y experiencia. Él espera que ponga todo eso a funcionar, y entonces lo bendecirá. Eso es todo lo que hay.*

Si una o varias de las afirmaciones anteriores describe su forma de pensar o de sentir, usted está tratando de hacer la obra de Dios con su propio (y muy limitado) poder. Halle la verdad en las citas siguientes. Después, haga una paráfrasis con su nueva creencia.

1. NO ES PARA MÍ. LEA ROMANOS 8:9, 15-17; Efesios 5:18; 1 Corintios 12:7.
   El poder sobrenatural del Espíritu está al alcance de todo creyente, incluso yo, porque...

2. NO PUEDO CONTAR CON EL PODER DE DIOS. Lea Efesios 3:20; Colosenses 1:28-29; Hechos 4:31.
   Puedo confiar en que Dios me va a ayudar con su poder porque...

3. NO PUEDO RECIBIR MÁS PODER DE DIOS. Lea Efesios 1:19-20; 3:16-21; 6:10-20.
   Dios quiere que yo le pida más del Espíritu Santo porque...

4. TENGO MIEDO DE PERDER EL CONTROL. Lea Gálatas 5:22-23 (parte del fruto del Espíritu es la templanza o dominio propio; los más llenos del Espíritu manifiestan una templanza mayor); 1 Corintios 14:33; 2 Corintios 3:17.
   Mis temores en cuanto a hacer o decir cosas extrañas cuando Dios libere su poder a través de mí son infundados, porque...

5. ME LAS PUEDO ARREGLAR SOLO. Lea Juan 15:5; Zacarías 4:6; 2 Corintios 3:5-6; 1 Corintios 2:3-4.
   Por listo, talentoso o apuesto que yo sea, sigo necesitando el poder de Dios para hacer su obra, porque...

MI NUEVO COMIENZO EN EL PODER DE DIOS

Para terminar este estudio sobre la necesidad de pedir el poder de Dios, hagan juntos en voz alta la oración siguiente. Después, pida que cada cual la haga solo cada día de la próxima semana.

Mi oración para pedir poder

Señor amado,
cuando tu mano se ha movido en mi vida,
he visto un destello del cielo en la tierra.
Perdóname por mi actitud independiente
de creer que yo tengo poder para hacer tu obra.
Te suplico que te inclines desde los cielos
y pongas tu poderosa mano sobre mí.
Necesito y deseo ardientemente que tu fortaleza
obre en mí, a través de mí
y a mi alrededor para realizar tu obra.
Así que me vacío de mí mismo y te pido que me llenes
abundantemente
con todo el poder de tu Espíritu
y la gloria de tu presencia.
Gracias a tu mano, voy a caminar con valor hoy,
llevándole tu luz a este mundo en tinieblas.
Amén.

Doblo mis rodillas ante el Padre de nuestro Señor Jesucristo... para que seáis llenos hasta la medida de toda la plenitud de Dios. Y a aquel que es poderoso para hacer todo mucho más abundantemente de lo que pedimos o entendemos, según el poder que obra en nosotros, a Él sea la gloria...

EFESIOS 3:14, 19-21

Cuarta semana

¡Y ME GUARDARAS DEL MAL!

Es mejor despreciar la
carnada que luchar
en la trampa.

JOHN DRYDEN

MEDIDAS DE SEGURIDAD

Después de tres peticiones destinadas a romper fronteras, la última petición de la oración de Jabes tiene que ver con tranquilidad, protección y seguridad a largo plazo: "Y me guardaras del mal".

Esta petición es muy lógica. Cuando uno ha sido inmensamente bendecido por Dios, tiene mucho que perder. Además, cuando uno está ocupando territorio para Dios y con su poder, se lo está quitando a *otro.* Y al maligno no le agrada esto. Cuando la mano de Dios lo use de manera poderosa para Él, usted se convertirá en blanco favorito del enemigo.

Por eso es tan importante la petición de Jabes de que Dios lo libre del mal.

EN ESTA SEMANA DESCUBRIRÁ...

- lo que significa *guárdame del mal.*
- por qué usted necesita orar para ser librado del mal.
- de dónde vienen las tentaciones.
- lo que dice la Biblia acerca de los poderosos recursos de Dios para los cristianos que se hallan bajo ataque.
- cómo puede usted escapar a las tentaciones cuando lo atacan y proteger las bendiciones de Dios sobre su vida.

1. ¿SOY PRESA FÁCIL DE LAS TENTACIONES?

1. *Son muchos los cristianos que creen que mientras más sepan sobre Dios y más activos estén para Él, menos van a ser tentados. ¿Está usted de acuerdo? ¿Por qué?*

MI INVENTARIO DE TENTACIONES

2. *Rodee con un círculo el número que refleja mejor las tácticas usadas para tentarlo a usted:*
   ❶ Estoy en total desacuerdo. ❷ No estoy totalmente de acuerdo. ❸ No estoy seguro ❹Estoy de acuerdo.❺ Estoy totalmente de acuerdo.

___ En realidad, las tentaciones y la oposición espiritual no son un factor de mi vida cristiana.

___ Cuando me siento tentado, en lugar de huir, sigo firmemente hacia delante, tratando de ser fuerte.

___ Gracias a que he estado experimentando los gozos de Jabes, espero menos tentaciones.

___ Cuando estoy seriamente tentado, doy por sentado que Dios me está probando para hacerme fuerte.

___ Ahora que experimento la mano de Dios, Él me protegerá de todas las tentaciones.

"" PARA CONVERSAR ""

Si Satanás decidiera fabricar una tentación a su medida, a fin de pararlo en seco, ¿cuál sería?

___ SU PUNTUACIÓN: Sume los valores que les asignó a las cinco afirmaciones. Si tiene...

21-25	*Puede vencer el pecado con la ayuda de Dios.*
16-20	*Es muy probable que logre superar las tentaciones.*
11-15	*Espere llevarse una paliza con frecuencia.*
5-10	*Le están dando una paliza... y usted ni se ha dado cuenta.*

2. ¿QUÉ ES LA TENTACIÓN, Y CÓMO FUNCIONA?

CLAVE Se puede definir la tentación como el atractivo que sentimos todos por complacernos a nosotros mismos a expensas de la necesidad de agradar a Dios. Piense en la tentación como en una guerra de tres frentes que debe librar todo creyente hasta llegar a las puertas del cielo: las tentaciones que vienen del mundo, de nuestros apetitos incorrectos y del diablo.

EL MUNDO es el conjunto de valores no cristianos fomentados por los sistemas de creencias seculares o paganos.

1. *Lea 1 Juan 2:15-16. Busque y escriba los tres elementos del "mundo" que nos tientan. Describa cómo se ven estas tentaciones donde usted vive.*

2. *¿Cuáles son las principales tentaciones "del mundo" por las que pasan continuamente sus amigos? ¿Cuál les parece más difícil de manejar a la mayoría de ellos?*

3. *Romanos 12:2 dice que "no os adaptéis a este mundo [no nos metamos en su molde], sino transformaos mediante la renovación de vuestra mente". Cuando usted recuerde al mundo desde la perspectiva de la eternidad, ¿en qué sentidos va a pensar distinto acerca del mundo y sus valores?*

LA CARNE es el nombre bíblico para los apetitos pecaminosos que se originan en nuestra naturaleza de pecado y nuestros apetitos físicos. Aun después de ser salvos, estos apetitos nos hacen vulnerables ante las tentaciones.

1. *Lea Gálatas 5:16-21. Escriba a continuación la lista de "obras de la carne" que describe Pablo en este texto:*

2. *¿Ha visto en esta semana la guerra entre la carne y el Espíritu en su propia vida (Gálatas 5:17)? Explique su respuesta.*

3. *Cuando nosotros comenzamos a permitir que el Señor obre a través de nosotros, nuestra carne se da cuenta. Mencione un par de tentaciones importantes a las que es de esperar que se tenga que enfrentar a medida que Dios lo vaya usando cada vez más. ¿Cómo las va a manejar?*

EL DIABLO es el tentador. Además de poner tentaciones en nuestro camino, Satanás se opone ferozmente a la voluntad y la obra de Dios en nosotros. Pedro nos advierte a los cristianos que "vuestro adversario el diablo, anda al acecho como león rugiente, buscando a quien devorar" (1 Pedro 5:8).

1. *¿Qué le ayuda a comprender la expresión "león rugiente" acerca de la motivación y los métodos de Satanás? ¿Por qué es posible que ataque con mayor deseo de venganza a la gente que hace fielmente la oración de Jabes?*

2. *Lea Efesios 6:10-18 y haga una lista con las partes principales de la armadura usada contra las "insidias del diablo". ¿Cuáles considera usted que usa con éxito? ¿Cuáles necesita comprender y utilizar más?*

3. *Lea Efesios 6:12. Describa aquello con lo que más tiene usted que batallar mientras el enemigo se opone a su ministerio en su hogar, en la iglesia y en público.*

3. ¿CUÁLES RELATOS BÍBLICOS ME ENSEÑAN LA FORMA DE EVITAR LAS TENTACIONES?

ESTUDIO DE CASO # 1

José, hombre joven con un gran futuro, blanco de la tentación

[Lea Génesis 39; 41:37-45]

CLAVE La historia de José continúa la crónica de la bendición prometida por Dios a Abraham y sus descendientes (José era biznieto de Abraham). Los hermanos mayores de José estaban resentidos con él, porque era el favorito de su padre. Cuando se les presentó la oportunidad, lo vendieron como esclavo para que lo llevaran a Egipto (37:18-36). José se ganó muy pronto el favor de su amo, pero fue traicionado de nuevo, ahora por la esposa de este.

1. *En la historia de José vemos un notable ejemplo de la forma en que nuestras experiencias suelen seguir la secuencia de las cuatro partes que contiene la oración de Jabes. Describa las evidencias que halla en cada uno de los cuatro aspectos:*

   a. Bendiciones (39:3, 5, 21, 23)

   b. Territorio (39:2, 3, 5, 21, 23; 41:40-45)

   c. Poder (39:3-6, 21-23; 41:38-40)

   d. Protección (39:7-12)

2. *¿Cree usted que José fue tentado por el mundo, la carne o el diablo, o una combinación de los tres? Explique su respuesta.*

3. *¿Qué pasos podría usted dar en su vida para evitar las grandes tentaciones? (Puede encontrar ideas leyendo el 39:8, 10, 12.)*

Estudio de caso # 2

Sansón, hombre fuerte con un gran futuro, cae en la tentación por necio

[Lea Jueces 16]

Sansón, el hombre fuerte más famoso de Israel, debe haber vivido al mismo tiempo que Jabes, o alrededor de su época. Sin embargo, sus historias no habrían podido ser más diferentes. Aun antes de que naciera Sansón, Dios les había prometido a sus padres que tendrían un hijo especial, apartado para Él desde el nacimiento a fin de tomar territorio para Él, "y él comenzará a salvar a Israel de manos de los filisteos" (Jueces 13:5). Sin embargo, después de una carrera de veinticinco años, Sansón cayó en la tentación, y no solo sufrió, sino que hizo caer gran angustia sobre la nación que él debía liberar. ¡Qué ilustración tan negativa sobre la última parte de la oración de Jabes!

1. *Sansón comenzó su caída al repetir dos veces el mismo pecado (Jueces 16:1, 4). ¿Por qué el adulterio trae consigo tantos otros pecados y tentaciones?*

2. *Jueces 16:5 revela lo que motivó a Dalila a destruir al hombre que la amaba. ¿De qué manera nos tienta el amor al dinero para que hagamos concesiones? Lea 1 Timoteo 6:9-10 y haga una lista de consecuencias del amor al dinero. ¿ha visto suceder esto en la vida real?*

3. *Cuando una persona comete un gran pecado, esto afecta fuertemente a otras personas después (vea 2 Samuel 12:9-12). Hable sobre algún momento en el que el pecado de otra persona le haya afectado fuertemente. Si usted decidiera seguir los pasos de Sansón, ¿quién sufriría el trauma?*

4. ENTONCES, ¿CÓMO TRIUNFO DE LAS TENTACIONES?

CLAVE Esta última parte de la oración de Jabes, que dice: "Y me guardaras del mal, para que no me causara dolor", nos recuerda la oración más famosa del mundo entero, conocida hoy como el Padrenuestro. Jesús nos enseñó a orar diciendo: "Y no nos metas en tentación, mas líbranos del mal".

1. *El Señor lo protege activamente cuando usted es tentado, aun antes que se lo pida. Lea 1 Corintios 10:13, donde hallará dos importantes verdades acerca de las tentaciones. ¿Cómo lo hace sentir eso acerca de lo fuertes que son realmente sus tentaciones?*

   a. Dios no permitirá que sea tentado más allá de lo que soy

   ______________________________.

   b. Dios me buscará la salida, de manera que pueda

   ______________________________.

2. *Lea Santiago 1:13-15. Según estos versículos, ¿de dónde no procede la tentación? ¿Cuál es la fuente de las tentaciones?*

PEDIRLE QUE NOS MANTENGA ALEJADOS

Piensa por un momento sobre cómo orar cuando te enfrentas a la tentación. ¿Pides principalmente por fortaleza para no caer en ella? No tiene nada de malo, pero no es la manera en que Jabes lo hizo. Él no oró: "guárdame cuando esté en el mal", sino: "guárdame del mal". Te das cuenta, Jabes entendió lo que el pobre gladiador no pudo entender: nuestra estrategia más importante para vencer al león rugiente es permanecer fuera de la arena.

TOMADO DE LA ORACIÓN DE JABES PARA JÓVENES

3. *Escriba los pasos que hay entre la tentación y la consecuencia final de haber cedido ante ella (Santiago 1:14-15).*

4. CÓMO DERROTAR LAS TENTACIONES QUE VIENEN DEL DIABLO.
¿Sabe usted qué consejo le da la Biblia para esos momentos en que se enfrenta a una tentación procedente del diablo? Lea Santiago 4:7 y Efesios 6:10-20, y describa las tres cosas que puede hacer para asegurarse la victoria.

5. CÓMO DERROTAR LAS TENTACIONES QUE VIENEN DE LA CARNE.
Lea Gálatas 5:16-18, 24-25 y Romanos 8:5, y haga una lista con los actos concretos que debe realizar para superar una tentación de la carne.

6. CÓMO DERROTAR LAS TENTACIONES QUE VIENEN DEL MUNDO. *Lea Santiago 4:4, 1 Juan 2:15 y Romanos 12:2, y después describa lo que la Biblia presenta como la respuesta cuando nos enfrentamos a las tentaciones procedentes del mundo.*

"" PARA CONVERSAR ""

A pesar de que Jesús nos enseñó que le debemos pedir a Dios que nos aleje de las tentaciones, ¿por qué cree que es poco frecuente que la mayor parte de la gente ore así, excepto cuando está en la iglesia?

5. ¿CÓMO PODRÍA CAMBIAR MI VIDA SI YO LE PIDIERA A DIOS QUE ME GUARDARA DEL MAL?

eXTRA *Lea estas cartas sobre* La oración de Jabes, *tomadas de www.prayerofjabez.com (en inglés)*, donde verá lo que otras personas están aprendiendo acerca de:

- la forma en que Dios quiere que oremos, y cómo nos responde Él.
- la forma en que nosotros debemos reaccionar durante una tentación.
- la forma en que nos vamos a sentir cuando veamos responder a Dios.

DANIEL NO SE DIO POR VENCIDO

Cuando leí que Daniel oró durante veintiún días, pero Satanás puso obstáculos a la respuesta, el Señor me mostró que yo oro y me doy por vencido; después vuelvo a orar y me vuelvo a dar por vencido. Así que hice una lista de nueve cargas con el fin de orar por la voluntad de Dios sobre ellas cada día. Llevo haciéndolo cincuenta y tres días, y Dios me ha cambiado el corazón. Ha levantado un cerco alrededor de mi familia, y en dos ocasiones ha protegido a nuestro hogar del fuego. ¡A Él sea la gloria! Orar sobre ciertas cosas un determinado número de veces no tiene nada de mágico, pero Dios honra nuestra dedicación.

CONTROL EN EL ESPÍRITU

El hecho de orar para que Dios me mantenga alejado del mal ya está causando un impacto en mi vida. He luchado con el mismo pecado durante años, y hoy en el trabajo me sacudió de nuevo. Pero el Espíritu Santo puso bajo control mi espíritu inmediatamente, de manera que pude huir de la tentación y resistir al enemigo.

UN JABES ESCONDIDO EN NEHEMÍAS

Para mi asombro, encontré la oración de Jabes "escondida" en el texto de Nehemías 2:4-9; no solo la estructura de la oración, sino incluso la misma secuencia. ¡Eso sí es confirmación! Vi el patrón de bendición (a Nehemías le fue concedida su petición), aumento de territorios (le dieron madera para la construcción) y la mano de Dios sobre él (abiertamente proclamado en el versículo 8). Pensaba que lo de "guárdame del mal" no estaba allí, hasta que llegué al párrafo siguiente: "Y el rey había enviado conmigo oficiales del ejército y hombres de a caballo" (Nehemías 2:9). ¡Asombroso!

Una prueba para el gusto

Anoche, mientras me dirigía a mi lugar de trabajo, oré para pedirle a Dios que me librara de las tentaciones. Cuando llegué al lugar, un hogar de grupo para adolescentes, me encontré con que habían cambiado las normas, y solo se permitían películas clasificadas como aptas para toda la familia. Además, las adolescentes ya no pueden poner en las paredes carteles o fotos de mal gusto. Como le dije a mi compañera de trabajo: "¡Alabado sea el Señor!"

"Para que no me dañe"

Cómo querría haber estado haciendo esta oración durante los últimos treinta años. Siempre me ha preocupado estar en lo cierto, y tener el mejor argumento. Cuando comencé a orar, Dios me convenció de la fuerte falta de sensibilidad que he manifestado con mis seres amados. Me mostró momentos en que he herido a mis hijos y a mi esposa con unas palabras y actitudes airadas y humillantes. Cada vez que trataba de repetir la oración de Jabes, Dios me traía a la mente recuerdos parecidos, como para decirme: "Te refieres a esto cuando dices 'para que no me dañe'?" Sentía que se me rompía el corazón al sentir el dolor que les he causado irreflexivamente a otras personas, y he prometido hacer cuanto pueda por arreglar las cosas. Dios me ha dado oportunidades de admitir que he sido cruel, y pedir perdón. Ha sido duro, porque he llenado de basura mi pasado con palabras y acciones desconsideradas, muchas veces en nombre de Dios. Pero me siento agradecido de que hoy Él me esté bendiciendo realmente. En el corazón de mis hijos y de mi esposa hay un territorio que Él me está devolviendo de maneras milagrosas.

El pecado es un gran dolor

Es por eso que Jabes termina su petición con estas palabras: "para que no me causara dolor". Algunas Biblias lo traducen así, "para que sea librado del dolor", o algo parecido. La razón de esta diferencia es que en el hebreo solo dice: "sin dolor", por eso puedes ver por qué los traductores lo pueden traducir de ambas formas y las dos ser correctas.

El pecado causa dolor, y no hay más que hablar. La Biblia dice: "Porque la paga del pecado es muerte" (Romanos 6:23). Satanás quiere que usted peque, porque lo quiere apartar, no sólo de las bendiciones de Dios, sino también de su relación con Él. ¿Por qué? ¡Porque Satanás le quiere hacer daño!

Tomado de La oración de Jabes para jóvenes

6. ¿QUÉ IMPIDE QUE YO DISFRUTE DE LA PROTECCIÓN DE DIOS?

CLAVE ¿Reconoce viejas actitudes y hábitos acerca de la tentación que lo están dejando al descubierto? Conteste sí o no a las siguientes preguntas:

PENSAMIENTOS CON OJOS DE SERPIENTE Y VAPORES VENENOSOS

☐ Sí ☐ No 1. CON SEGURO PROPIO. *"Me parece que si soy cristiano y vivo correctamente, automáticamente voy a estar cubierto contra los ataques del mal".*

☐ Sí ☐ No 2. DOMINADO Y ABRUMADO. *"Usted no se imagina lo intensas que son mis tentaciones. Sencillamente, no las puedo controlar; me dominan".*

☐ Sí ☐ No 3. ADICTO A LAS TENTACIONES. *"¿Por qué voy a huir de las tentaciones? Puedo sobrevivir, y me encanta la emoción de estar 'al borde del precipicio'".*

☐ Sí ☐ No 4. CON DUDAS SOBRE EL DIABLO. *"En realidad, yo no creo en ninguna de esas cuestiones ocultistas sobre Satanás y la guerra espiritual".*

☐ Sí ☐ No 5. DECIDIDO A PERDER. *"¿Para qué volver a comenzar, cuando uno sabe que va a volver a caer? Me parece que hay ciertos pecados que sencillamente, están destinados a formar parte de nosotros, como las verrugas y las cicatrices".*

☐ Sí ☐ No 6. SOLO EN CASA. *"No estoy seguro de confiar en que Dios va a estar presente cuando yo lo necesite. De todas formas, cuando soy tentado no me siento digno de que Él me ayude".*

Lea ahora la verdad en las citas que aparecen a continuación, y después haga una paráfrasis con la nueva creencia para su vida.

REPELENTE PARA SERPIENTES Y CONTROL DE VENENO

1. CON SEGURO PROPIO. Lea Gálatas 6:1; 2 Pedro 2:9; Mateo 26:41; 1 Juan 1:8-10.
   La verdad es que...

2. DOMINADO Y ABRUMADO. Lea 1 Corintios 10:13; Hebreos 12:3-4; Hebreos 4:15-16.
   La verdad es que...

3. ADICTO A LAS TENTACIONES. Lea 1 Corintios 9:24 – 10:12; Proverbios 6:27-28.
   La verdad es que...

4. CON DUDAS SOBRE EL DIABLO. Lea Mateo 4:1-11; 1 Pedro 5:8; Efesios 6:10-18.
   La verdad es que...

5. DECIDIDO A PERDER. Lea Romanos 6:11-13, 15; 8:1-5; Santiago 1:12-17; 1 Juan 4:4.
   La verdad es que...

6. SOLO EN CASA. Lea Santiago 1:13-14; Hebreos 2:14-18; 4:14-16; 2 Pedro 2:9.
   La verdad es que...

MI NUEVO COMIENZO EN SENTIR QUE DIOS ME PROTEGE DEL MAL

Para terminar este estudio sobre la protección divina contra el mal, hagan juntos en voz alta la oración siguiente. Después, pida que cada cual la haga solo cada día de la próxima semana.

Mi oración para pedir protección

Señor amado,
gracias por el don incalculable
de conocer y servir al Señor Jesús.
Perdóname por mi actitud de frivolidad con respecto al pecado
y mi insensibilidad a las cosas que te entristecen el corazón.
Anhelo profundamente llevar una vida de santidad
y agradarte de todas las formas posibles.
Hoy me hago eco de las palabras de Jesús al suplicarte:
"No me metas en tentación, mas líbrame del mal".
Señor, te ruego que me apartes del mal;
que no te cause dolor a ti, ni a los demás, ni a mí mismo tampoco.
Al contrario: que te traiga complacencia a ti
y que tu voluntad sea hecha aquí en la tierra
como lo es en el cielo, y comenzando por mí.
Amén.

Y a aquel que es poderoso para guardaros sin caída, y para presentaros sin mancha en presencia de su gloria con gran alegría, al único Dios nuestro Salvador, por medio de Jesucristo nuestro Señor, sea gloria , majestad, dominio y autoridad, antes de todo tiempo, y ahora y por todos los siglos. Amén.

JUDAS 1:24 - 25